# BEI GRIN MACHT SICH IHR WISSEN BEZAHLT

- Wir veröffentlichen Ihre Hausarbeit, Bachelor- und Masterarbeit

- Ihr eigenes eBook und Buch - weltweit in allen wichtigen Shops

- Verdienen Sie an jedem Verkauf

Jetzt bei www.GRIN.com hochladen und kostenlos publizieren

**Bibliografische Information der Deutschen Nationalbibliothek:**

Die Deutsche Bibliothek verzeichnet diese Publikation in der Deutschen Nationalbibliografie; detaillierte bibliografische Daten sind im Internet über http://dnb.d-nb.de/ abrufbar.

Dieses Werk sowie alle darin enthaltenen einzelnen Beiträge und Abbildungen sind urheberrechtlich geschützt. Jede Verwertung, die nicht ausdrücklich vom Urheberrechtsschutz zugelassen ist, bedarf der vorherigen Zustimmung des Verlages. Das gilt insbesondere für Vervielfältigungen, Bearbeitungen, Übersetzungen, Mikroverfilmungen, Auswertungen durch Datenbanken und für die Einspeicherung und Verarbeitung in elektronische Systeme. Alle Rechte, auch die des auszugsweisen Nachdrucks, der fotomechanischen Wiedergabe (einschließlich Mikrokopie) sowie der Auswertung durch Datenbanken oder ähnliche Einrichtungen, vorbehalten.

**Impressum:**

Copyright © 2006 GRIN Verlag, Open Publishing GmbH
Druck und Bindung: Books on Demand GmbH, Norderstedt Germany
ISBN: 9783638598873

**Dieses Buch bei GRIN:**

http://www.grin.com/de/e-book/61452/herz-lungen-wiederbelebung-unterweisung-arbeitssicherheit

Marlon Rutsch

**Herz-Lungen-Wiederbelebung (Unterweisung Arbeitssicherheit)**

GRIN Verlag

**GRIN - Your knowledge has value**

Der GRIN Verlag publiziert seit 1998 wissenschaftliche Arbeiten von Studenten, Hochschullehrern und anderen Akademikern als eBook und gedrucktes Buch. Die Verlagswebsite www.grin.com ist die ideale Plattform zur Veröffentlichung von Hausarbeiten, Abschlussarbeiten, wissenschaftlichen Aufsätzen, Dissertationen und Fachbüchern.

**Besuchen Sie uns im Internet:**

http://www.grin.com/

http://www.facebook.com/grincom

http://www.twitter.com/grin_com

Ausbildung der Ausbilder

# Unterweisungsprobe

Thema:

## Herz – Lungen – Wiederbelebung

Verfasser und Unterweisender:   Marlon Rutsch (Rettungssanitäter)

# Inhaltsverzeichnis

| | | |
|---|---|---|
| 1. | FORMALER TEIL | 1 |
| 1.1. | Thema | 1 |
| 1.2. | Angaben zur Person des Auszubildenden | 1 |
| 1.3. | Angaben zur Person des Ausbilders | 1 |
| 1.4. | Bestimmung der Lernziele | 1 |
| 1.4.1. | Richtziel | 1 |
| 1.4.2. | Grobziel | 1 |
| 1.4.3. | Feinziel | 1 |
| 1.4.4. | Operationalisierung des Feinziels | 2 |
| 1.5. | Vier – Stufen - Methode | 2 |
| 2. | UNTERWEISUNG ANHAND DER VIER – STUFEN – METHODE | 2 |
| 2.1. | Motivation und Vorbereitung | 2 |
| 2.2. | Gemeinsame Erarbeitung | 2 |
| 2.3. | Anwendung des Erlernten durch die Auszubildenden | 3 |
| 2.4. | Kontrolle der Ergebnisse | 3 |
| 3. | ZEITPLAN | 4 |
| 4. | ANHANG | 4 |
| 4.1. | Verwendete Materialien | 4 |

# 1. Formaler Teil

## 1.1. Thema

Herz – Lungen – Wiederbelebung im Bereiche der betrieblichen Ersten - Hilfe Schulung.

## 1.2. Angaben zur Person des Auszubildenden

Die an der Unterweisung teilnehmenden Auszubildenden sind ca. 21 Jahre alt und studieren an der Berufsakademie Mosbach im dritten Semester Industrie. Die Auszubildenden nahmen im Zuge ihrer Führerscheinausbildung vor ungefähr 3 Jahren an einen Pflichtkurs in „lebensrettenden Sofortmaßnahmen am Unfallort" teil. Im Zuge dieses Kurses erlernten sie in acht Zeitstunden unter anderem die Herz – Lungen – Wiederbelebung.

## 1.3. Angaben zur Person des Ausbilders

Der unterweisende Ausbilder ist 27 Jahre alt und hat bereits im Ausbildungsbetrieb der oben genannten Auszubildenden ein duales Studium zum Diplom-Betriebswirt (BA) absolviert. Seit seiner Diplomprüfung ist er im Betrieb für die Betreuung der Auszubildenden und BA – Studenten zuständig und für die Ausbildungseinheiten zum Thema Arbeitssicherheit und Erster Hilfe.

## 1.4. Bestimmung der Lernziele

### 1.4.1. Richtziel

Die Auszubildenden sollen einen Eindruck über die lebensrettenden Sofortmaßnahmen bei einem Herz – Kreislauf – Versagen bekommen.

### 1.4.2. Grobziel

Die Auszubildenden sollen verstehen wann die Indikation für eine Herz – Lungen – Wiederbelebung gegeben ist.

### 1.4.3. Feinziel

Die Auszubildenden sollen selbstständig die Indikation für eine Herz – Lungen – Wiederbelebung erkennen und indizierte lebensrettende Sofortmaßnahmen durchführen.

### 1.4.4. Operationalisierung des Feinziels

Die Auszubildenden sollen selbstständig, ohne fremde Hilfe, anhand eines Fallbeispieles die Indikation für eine Herz – Lungen – Wiederbelebung erkennen, diese durchführen und dabei Beatmungsvolumen, korrekten Druckpunkt sowie Druckfrequenz beachten. Hilfsmittel sind nicht gestattet.

### 1.5. Vier – Stufen - Methode

Die Unterweisung erfolgt in vier Schritten, anhand der so genannten „Vier – Stufen – Methode" oder auch „Training with Industries":

(1) Motivation und Vorbereitung
(2) Gemeinsame Erarbeitung anhand eines Beispiels
(3) Anwendung des Erlernten durch die Auszubildende
(4) Kontrolle der Ergebnisse

## 2. Unterweisung anhand der Vier – Stufen – Methode

### 2.1. Motivation und Vorbereitung

In der Motivations- und Vorbereitungsphase schafft der Ausbilder eine angenehme Atmosphäre mit den Auszubildenden und versucht deren Anspannung zu lösen, beispielsweise durch Fragen bezüglich des bisherigen Ablaufs der Ausbildung und / oder Smalltalk.

Nachdem sich Ausbilder und Auszubildende vorgestellt haben, erläutert der Ausbilder das Thema und dessen Bedeutung innerhalb des Unternehmens. Hierbei ist es wichtig, die Auszubildenden für das Lernziel zu motivieren und ihnen einige Anwendungsmöglichkeiten aufzuzeigen. Den Auszubildenden ist es auch möglich Fragen zu stellen, wodurch auch gleichzeitig eine Einschätzung ihrer Vorkenntnisse gewonnen werden kann.

### 2.2. Gemeinsame Erarbeitung

Der Ausbilder stellt nun den Auszubildenden das Übungsphantom „Ambu" vor und erkundigt sich ob und in wiefern ihnen „Ambu" bekannt ist. Dadurch erhält der Ausbilder einen Eindruck über Vorkenntnisse bezüglich des Themas und lockert die Runde zusätzlich auf.

In der Ausbildungseinheit „Stabile Seitenlage", an der die Auszubildenden bereits teilgenommen haben, wurden die lebensrettenden Sofortmaßnahmen beim

Auffinden einer bewusstlosen Person mit suffizienter Spontanatmung bereits vertieft. Der Ausbilder knüpft an diesen Ausbildungsstand an und erkundigt sich ob zu diesem Thema noch Fragen und Unklarheiten existieren. Nun geht der Ausbilder auf das Vorgehen, im Zuge der lebensrettenden Sofortmaßnahmen ein, welches beim Versagen der Herz – Kreislauffunktionen indiziert ist. In ständigen Dialog mit den Auszubildenden weist der Ausbilder auch auf mögliche Probleme hin, sodass diese aktiv in die Bearbeitung miteinbezogen werden. Um den nötigen Praxisbezug herzustellen und die Aufmerksamkeit der Auszubildenden zu fördern, veranschaulicht der Ausbilder dies anhand des Übungsphantoms.

Des Weiteren werden die Auszubildenden in dieser Phase ermuntert Fragen zu stellen, um Unklarheiten beseitigen zu können. Die nicht verstandenen Schritte werden vom Ausbilder wiederholt. Die Azubis sollen nun alleine die zuvor veranschaulichte Technik am Phantom einüben.

## 2.3. Anwendung des Erlernten durch die Auszubildenden

In dieser Phase sollen die Auszubildenden selbstständig das Gelernte anwenden. Dies geschieht anhand eines Fallbeispieles. Der Auszubildende soll erkennen wann die Stabile Seitenlage und wann die Herz – Lungen Wiederbelebung indiziert ist und entsprechend handeln und dabei alle vorher vermittelten Punkte beachten und gegebenenfalls durchführen.

Bei Fragen und Problemen steht der Ausbilder zur Seite. Besonders wichtig ist, dass der Ausbilder den Auszubildenden eine Rückmeldung bezüglich der Ausführung gibt und gute Leistungen betont, um die Auszubildenden zu motivieren.

## 2.4. Kontrolle der Ergebnisse

Im letzten Schritt wird die Leistung der Auszubildenden beurteilt. Bei Erfolg erhalten die Auszubildenden Lob und Anerkennung durch den Ausbilder, was das Selbstvertrauen und die Motivation der Auszubildenden stärkt.
Sollten Fehler aufgetreten sein, werden diese gemeinsam nochmals durchgesprochen. Dies geschieht auf eine positive, aufmunternde Art und Weise, so dass bei den Auszubildenden weder Frust, Desinteresse, noch Angst vor weiteren Fehlern entstehen. Abschließend werden die die Auszubildenden verabschiedet und ihnen für die kooperative Zusammenarbeit gedankt und die Leistung nochmals positiv hervorgehoben.

## 3. Zeitplan

| Phase | Ziel | Inhalt | Methode | Hilfs-mittel | Dauer |
|---|---|---|---|---|---|
| Begrüßung | Herstellen des persönlichen Kontakts, Abbau von Nervosität und gegenseitiges Kennen lernen | Begrüßung, gegenseitiges Vorstellen und Kennen lernen | Dialog | Keine | ca. 2 Minuten |
| Motivation | Praxisbezug herstellen | Bedeutung der 1. Hilfe für das Unternehmen | Monolog | Keine | ca. 2 bis 3 Minuten |
| Lernziel | Lern – und Unterweisungsziele erklären | Nennen des Themas und des Lernziels | Monolog | Keine | ca. 1 bis 2 Minuten |
| Gemeinsame Erarbeitung | Vermittlung und Training der technischen Grundlagen | Auffinden einer Person ohne Atmung, Technik Herz – Lungen - Wiederbelebung vermitteln. | Dialog, Vormachen & Beantwortung von Fragen; Nachmachen | Phantom | ca. 4 Minuten |
| Nachmachen | Selbstständige Ausübung des Azubis, Transferleistung | Transfer / Anwenden der erworbenen Kenntnisse durch Lösen eines Fallbeispieles | Fallbeispiel, Beantwortung von Fragen | Assistent, Phantom | ca. 4 Minuten |
| Erfolgs-kontrolle | Festigung des praktischen und theoretischen Wissens | Überprüfung des Resultats, Klären von Fragen, Positives verstärken & Verabschiedung | Dialog | Keine | ca. 2 Minuten |

## 4. Anhang

### 4.1. Verwendete Materialien

Zur Unterweisung des genannten Themas sind folgende Dinge notwendig:
- 1 x Ambu Phantom
- Assistent für die Lernzielkontrolle
- Decke

## Ablauf:

- Begrüßung
- Vorstellung
- Nach Studium erkundigen
- Bedeutung 1. Hilfe im Unternehmen
- Vorstellung Ambu und Assistent
- Lern – und Unterweisungsziele nennen
- Vermittlung
- Nachmachen
- Fallbeispiel
- Erfolgskontrolle
- Bedanken
- Verabschiedung

# BEI GRIN MACHT SICH IHR WISSEN BEZAHLT

- Wir veröffentlichen Ihre Hausarbeit, Bachelor- und Masterarbeit

- Ihr eigenes eBook und Buch - weltweit in allen wichtigen Shops

- Verdienen Sie an jedem Verkauf

Jetzt bei www.GRIN.com hochladen und kostenlos publizieren